만인시인선 · 32

나는 오리 할아버지

김선굉 시집

나는 오리 할아버지

만인사

자서

풍경 속으로 걸어 들어간다. 무장을 해제하지 않으면 한 발도 들여놓을 수 없는 세계다. 원 스텝. 그게 어렵다. 왼발을 내딛는 순간, 바로 그 순간이 어렵다. 내 왼발의 눈부심은 순간의 어려움에 비례한다. 내가 풍경의 스크럼을 뚫을 때, 풍경도 나를 뚫고 들어온다. 나와 풍경이 만나는 경계에 서서, 나는 그 둘이 서로 어떻게 부딪히고 삼투하는지, 서로 어떻게 부둥켜안고 뒹굴고 뒤섞이는지, 대체 서로 무슨 짓을 하여 어린 풍경을 낳아 기르는지 지켜보고 있다.

차 례

차 례

2

차 례

3

4

차 례

1

머플러

대가천은 겨울 쪽으로 흘러가고 있다. 자욱한 억새며 갈대들, 망초꽃 여뀌꽃 마른 대궁 바람에 흔들리는 그 사이로 흐르는 강물 보인다. 그 위로 물오리 떠다니거나, 물 속으로 고개를 쳐박거나 물 위로 낮게 나른다. 저만치 묵상에 잠긴 왜가리 한 마리 정물처럼 멈추어 서 있다. 한 차례 불어오는 바람에 몸을 흔들기도 하면서, 풍경은 순한 짐승처럼 푸른 하늘 아래 숨쉬며 자라고 있다. 나는 대가천의 가장 아름다운 한 굽이를 끊어 목에 건다. 음, 대가천이 제 아무리 길고 아름다워도 가장 아름다운 머플러는 딱 한 장 만들어질 뿐이군.

오리가 올 때가 되었다

이제 오리가 올 때가 되었다.
이 녀석들 또 이 땅의 물 가로 내려앉아
괘액괘액, 하면서
겨울 한 철 내 곁에서 보내겠다.
나는 오리 할아버지.
세상에서 가장 어설픈 몸을 가진
세상의 모든 오리들의 할아버지.
나는 오리의 날개를 좋아한다.
오리는 두 뼘 채 안 되는 날개로
무거운 몸통 하늘 높이 들어올려
수만리 먼 길을 날아와서는,
지친 기색도 없이 내 곁으로 와서,
할아버지께 인사를 한다는 것이
괘액괘액, 하면서
내 이름 마구 불러재끼는 것이다.
저 녀석들이 굉굉괴앵, 하지 않고
괘액괘액, 하는 것은
할아버지 존함 그대로 부르기가 좀 뭣해서,

제딴에는 약간 비틀어 부르는 것이다.
알았다, 이놈들아, 하면서
나의 겨울은 키 큰 갈대숲 너머
차가운 강물이 보이는 강둑에서 깊어간다.

화살표

흐린 겨울 하늘 아래
한 무리 오리 떼가
해평 들판에서 날아올라
25번 국도 가로질러
낙동강으로 날아가고 있었다.
운전하던 둘째 딸이
어, 화살표네, 했다.
화살이 아니라 화살표.
화살표는 질서.
화살표는 아름다움.
화살표는 평화.
화살표는 자유.
화살표는 기쁨.
화살표는 살아 있는 목숨.
화살표는 오리.
그대가 강이라면
그대 향해 날아가는
화살표는 사랑.

그대 가슴에 가서 꽂히는,
꽂혀서 바르르 떠는
치명적인 사랑.

개망초꽃 여러 억만 송이

낙동강 긴 언덕을 따라 개망초꽃 여러 억만 송이 푸르게 흐르는 강물을 가만히 내려다보고 있다. 작은 꽃들이 키를 다투며 마구 피어나서 바람에 몸 흔들며 푸른 하늘을 받들고 있다. 白衣의 억조창생이 한 데 모여 사는 것 같다. 한 채의 장엄한 은하가 흐르는 것 같기도 하고, 흰구름이 내려와 앉은 것 같기도 하다. 모여서 아름다운 것 가운데 이만한 것 잘 없으리라. 이따금 강바람 솟구쳐 언덕을 불어갈 때마다, 꽃들은 소스라치듯 세차게 몸 흔들며 아우성쳤다. 바람은 낱낱이 꽃의 이름을 불러주었으며, 호명된 꽃들은 저요, 저요, 환호하는 것이었다. 저 지천의 개망초꽃들에게 낱낱이 이름이 있었던가. 바람은 거듭 꽃의 이름을 부르며 불어가고 꽃들은 자지러지며 하얗게 아우성치는 것이었다. 그 놀라운 광경에 넋을 빼앗긴 내 입에서 무슨 넋두리처럼 이런 탄식이 흘러나왔다. 詩人은 아무것도 아니여!

달을 품다

겨울달이 하현 쪽으로 이울어가고 있다.
찬 하늘에 높이 뜬 그 팔자가
얼마나 춥고 기막히겠는가.
손 뻗어 달의 얼굴을 만진다.
이런, 열이 있다.
끌어당겨 품에 안았다.
내 몸이 하늘인 양 이 녀석이
밤새도록 몸을 도는 것이었다.
밤새도록 몸이 환했다.
하루 낮을 더 품고 있다가
다시 하늘에 올려놓았다.
캄캄해질수록 더욱 환하게 잠기는,
내 몸은 흐르는 강물.
月印千江 황홀한 물길이
내 몸을 휘감아 돌고 있다.

달맞이꽃에 관한 보고서

수십만, 수백만, 수천만, 수억만 송이의 달맞이꽃들이 사문진교 부근 낙동강 십리 제방에 진을 치고 있습니다. 이 놈들의 꼬라지를 가만히 보면 껑충한 키에, 휘휘 내저은 팔에, 되고마고 뜯어붙인 이파리에 촌닭도 그런 촌닭이 없습니다. 이 녀석들이 밤이 되면 손에 손에 오촉 내지 십촉짜리 꼬마 알전구 있는 대로 켜드는데요. 그 불빛이 강물에 거꾸로 비쳐 일렁이며 장관을 이루기도 합니다. 자정을 막 넘긴 어둠을 틈타서, 이 녀석들 눈치 못 채게 전조등을 끈 채 느리게 차를 몰았습니다. 이 녀석들은 저들의 유일한 빽인 달도 없는 캄캄한 밤중에 기가 포옥 죽은 채, 못 생긴 몸뚱아리를 서로 기대고 잠을 자고 있었지요. 제일 많이 모여서 뒤죽박죽 잠자고 있는 녀석들 앞으로 가서 하이빔을 화악 켜버렸지요. 그런데 이 녀석들이 순식간에 노란 알전구를 모조리 점등시켜 활칵 나를 덥치는 게 아니겠습니까. 아, 어떻게 그리 빨리, 일제히 불을 켜드는지 되게 놀랐습니다. 하이빔을 켜둔 채 차에서 내려 이 놈들 곁으로 가보았더니, 글쎄, 그게 꽃이 아니라,

아무렇게나 부수어 흩뿌린 달빛 부스러기였습니다. 달이 내려다보니, 제 핏줄인 달맞이꽃의 모양이 하도 기막혀서, 제 몸을 뭉텅 떼내어 그걸 잘게 부수어서 마구 뿌려준 것이었습니다. 뿌려준 김에 그걸 한참 놓아둔 것뿐인데, 이 녀석들이 그거 다 저들이 꽃피운 것인 줄 알고, 천방지축 어깨를 들썩이며 으시대는 것이었습니다. 망연자실하여 고개를 돌려 눈을 드니, 저어기 팔공산 아래, 무태 부근 금호강 위에, 제 몸을 너무 많이 부순 스무이렛날 하현달이 실눈을 뜨고 이쪽을 내려다보고 있었습니다. 나는 이 녀석들이 측은하기도 하려니와 우선은 영롱하고 어여뻐서 전조등을 오래도록 켜두었습니다. 숨죽여 흐르던 강물이 이 밤중에 무슨 일인가 하고 이리로 물길을 휙 돌렸는데, 그 바람에 노란 알전구들이 마구 흔들리면서, 불의 물결이 몇 번 출렁, 했습니다.

섬말나리
—울릉도에서

섬말나리 붉은 점박이 꽃잎이
입에서 솟아오른다.
목덜미에서 솟아오른다.
어깨에서 솟아오른다.
가슴에서 솟아오른다.
배에서 솟아오른다.
옆구리에서 솟아오른다.
배꼽에서 솟아오른다.
사타구니에서 솟아오른다.
허벅지에서 솟아오른다.
손바닥에서 솟아오른다.
섬말나리 붉게 피어나서
불어오는 해풍에 몸을 흔든다.
아, 섬말나리, 하는 순간,
붉은 점박이 꽃잎들이
어떤 놈은 입으로 들어가서
어떤 놈은 눈으로 들어가서
내 몸 안에서 꽃피고 있다.

그 중에 한 송이는
정수리를 뚫고 솟아올라
붉은 깃발을 내건다.
깃발은 바닷바람에 나부낀다.
내 몸은 섬말나리 피는,
내 몸은 섬말나리 지는,
피고 지면서 내 안을 환히 비추는
한 채의 붉은 섬이다.

우두커니나무

일주문 두리기둥처럼 거침없이 위로 솟구친 향나무 한 그루. 이종문이 그대는 왜 여기 우두커니 서 있는가 물으니, 내가 왜 여기 우두커니 서 있는지 그대가 궁금해 하라고 여기 우두커니 서 있다고 대답한 바로 그 나무다. 괜히 경주 자옥산 기슭 옥산서원 뜰에 우두커니 서서 이종문을 궁금하게 한 멋대가리 있는 향나무에게 다가가서, 거친 살결을 짚으며 오늘은 내가 묻는다. 그대, 이 추운 겨울날 여기 우두커니 서서 무얼 하시는가. 그냥 심심해서 하늘에 대고 글씨를 쓰고 있다며, 이렇게 환 획 그어올리는 데 한 사백 년쯤 걸렸다며, 지금도 그어올리는 중이니 말 같은 거 걸지 말라고 했다. 그대가 쓰고 있는 글자가 대체 무슨 자냐고 했더니, 안 그래도 추운데 이종문보다 더 귀찮은 놈이 왔다며, 뚫을 곤(丨)자도 모르는 놈이 시인이랍시고 돌아다니느냐며.

오동나무 두 그루

경상북도교육청 뜰 한 켠에는 늙은 오동나무 두 그루가 서 있다. 한 아름이 훨씬 넘는 밑둥이 위로 솟구치면서 엄청난 줄기와 가지를 뻗어올린다. 넓은 잎을 무수히 매달고 하염 없이 보라색 꽃을 피운다. 오동나무는 신천을 거쳐 금호강 기슭으로 나가는 一柱門. 칠년이 넘는 세월을 나는 그 문을 거쳐 몇 번이나 물 가에 앉았던가. 신천은 내게 피안이었으며, 금호강은 더욱 황홀한 피안이었다. 신천은 가는 붓으로, 금호강은 굵은 붓으로 저마다의 자서전을 써내려 가고 있었다. 어떤 때는 오동나무가 내 뒤를 따라와 물끄러미 흐르는 물을 바라보기도 했다. 강물이 쓰는 글을 읽으며 오동나무와 함께 밤을 새운 날짜가 여럿이었다.

탑리 일박

참 오랜만에 의성 탑리 오층석탑을 찾아가서
그간 잘 있었는가, 말을 걸었는데,
찬 하늘 속에 뻣뻣이 서서 대답이 없다.
왜 이러나, 하고 손을 잡으려는데,
몸을 외로 틀고는 등을 보이는 것이었다.
어허, 하면서, 등 뒤로 다가가 안으려니,
짐짓 뿌리치며 한 발짝 내다앉는다.
얼핏 보아 멀쩡한 것 같기도 하고,
어찌 보면 까칠한 게 좀 여윈 것 같기도 해서,
감실 깊숙이 체온계 들이밀었다.
이마를 짚어보고 맥박을 재려는데,
잴 테면 재라는 듯
심드렁히 겨드랑이 치켜올렸다 내리고,
손목 불쑥 내미는 모양이
너무 오랜만에 찾아온 것이 서운한가 보다.
천년 넘게 금성산 자락에 서서
세속의 풍상을 읽고 고개 끄덕일 나이에
별것도 아닌 일로 뭘 그리 삐치냐며,

두어 번 옆구리 쿡, 쥐어박았다.
37도 훌쩍 넘어서는 붉은 눈금을 읽는데,
어찌 그리 전화도 한 통 없냐며,
뭐 이상한 걸 들고 재고 짚어봐야 알겠냐며,
문제는 몸이 아니라 마음이라며,
해그는 짓이 천상 시인이 아니라
무슨 얼치기, 돌팔이 의사 못지 않다며,
오늘은 하늘이 두 쪽 나도 못 간다며,
막무가내 바지춤 잡고 주저앉히는 것이었다.

호견나무

지난 가을 부안의 한 모텔에서
박진형이 호견나무 이야기를 했다.
백년을 땅 밑에서 묵묵히 자라다가,
땅 위로 이마 내밀면 하루만에 백길을 자라
나무의 왕이 된다고 했다.
이영철에게 얼른 호견나무를 그리라 했다.
이영철은 내가 내민 시집의 빈 여백에다
호견나무를 쓱쓱싹싹 그렸다.
인도에 이런 신기한 나무가 있다는데,
아무도 본 자가 없다고 했다.
그런 나무가 어디 세상에 있겠는가.
그 나무는 돈오의 한 순간을 보여주고는
홀연히 숲을 빠져나가는 시간이다.
그걸 그리라고 한 나나,
그걸 웅크리고 앉아 그리는 놈이나
생전에 호견나무를 만나기는 영 글렀다.

굴참나무

굴참나무의 밑둥치는 울퉁불퉁한 자루 같다.
대체 무엇을 쑤셔넣었길래 이 모양인가 했더니,
밤하늘의 별을 마구 쓸어담아 넣은 것이었다.
한껏 키를 세우고 천 개의 손을 밤하늘로 뻗쳐,
따넣은 별의 갯수가 헤아릴 수 없이 많다.
밤하늘의 별을 끌어안고 싶으면
굴참나무 밑둥치를 끌어안으면 된다.
굴참나무는 안으로부터 눈부신 자욱한 별자루다.

갈대 앞에 서서

대가천 강변을 거닐다 갈대 앞에 멈추어 선다.
세상의 모든 갈대들 가운데 단 하나
어깨가 축 늘어진 이 갈대 앞에
왜 발걸음 멈추어 세운 것일까.
갈대의 배경이 내 생의 깊어가는 가을과 같아서,
나는 그 前景이 되어주고 싶었다.
가슴을 거울 삼아 지친 몸 흔드는 갈대.
꺾일 듯한 허리며 수그린 어깨,
어찌 서리 묻은 내 모습과 같은가.
깊어가는 가을이 생의 배경을 닮아서 흐리다.

2

붉은 하늘

저 하늘의 붉음 어찌 할 바 몰라
안계 들판길 위에 차를 세웠네.
단북면 소재지 참 이쁜 마을 뒤로
낭자한 울음 같은 노을이 떠서
하염없이 그 노을 바라보고 서 있었네.
노을에 젖으며 흘러온 시간.
노을은 뜨거운 사무침의 흔적.
그걸 끌어당겨 시린 어깨 위에 얹었네.

목련

지난 해 화단을 손질하다 건드린 목련의 뿌리.
행여 다칠까 조심한다는 것이
그만 포크레인 삽날이 뿌리를 당겨
원줄기 아래로부터 쩍 갈라졌다.
막걸리 붓고 붕대 감아 겨울을 났는데,
이놈이 하나둘 꽃눈 틔우더니,
이놈이 하나둘 꽃봉오리 매달더니,
이놈이 환하게 꽃모자 덮어쓰더니,
이놈이 그 꽃들을 눈 내리게 하더니,
이놈이 초록 잎을 한없이 내뱉더니,
이놈이 바람에 이리저리 몸 흔들더니,
그 아래 제 그림자 펼치는 것이었다.
오늘만 벌써 세 번째 목련의 상처 어루만진다.
오늘만 벌써 세 번째 목련 쓸어안는다.

선유도에서

望主峰이 가슴에 들어와 앉는다.
명사십리 곁에서 슬며시 몸 일으키더니,
내 앞으로 성큼성큼 걸어오더니,
세상에 뭐, 이런 놈이 다 왔냐는 듯이
내 안을 한참 기웃거리더니,
으레 제가 앉을 자리라는 듯이
가슴 한가운데로 걸어들어 와서는
바다쪽 향해 척하니 자리를 잡는다.
수평선도 따라 들어와서는
망주봉 뒤로 길게 몸 눕히는 것이었다.
그 위로 바람과 구름이 몰려왔다.
파도와 몸 섞는 푸른 바람이었으며,
바람 따라 흘러가는 흰구름이었다.

악수

봉화군 물야면 내성천 상류.
석천정사 앞을 흐르는 물에 발 담갔다.
이 물이 삼백 리를 흘러가서
예천 풍양땅 삼강나루에 이르러
영강과 함께 낙동강을 만나리라.
물이 악수를 청해왔다.
손 내밀어 물의 손 잡았다.
한 손으로는 안 된다고 해서,
두 손 다 내밀어 잡았다.
내가 물의 마음 제대로 읽었는지,
물이 내 몸 제대로 받아들였는지,
그건 알 수 없었다.
푸른 하늘 아래 어설픈 혼례가 있었다.
몸이 물 속에 잠겨 있었다.
몸을 정확히 잘 안아주는
천수, 만수의 그 손길 다 받아들였다.

물고기자리

영강에서 데려온 수마석 백여 덩이를
학교 앞 뜰에 널어두었다.
연못을 만든다고 가져왔는데,
한참을 그대로 널어두기로 했다.
바싹 마른 돌덩이들이
비가 내리면 물고기가 되어 퍼득거렸다.
희고, 검고, 푸르고, 붉고, 얼룩덜룩한,
둥글고, 모나고, 길고, 울퉁불퉁한,
한 떼의 크고 작은 물고기들이
비를 타고 하늘로 날아오르는 것이었다.
그러다 비가 그치면 하늘을 데리고 와서
그 위에 몸을 눕혔다.
이게 물고기좌라며,
유월의 햇살 아래 젖은 몸을 말리며
어두운 하늘 배경으로 반짝이고 있었다.

호수

말라코프의 몸짓은 옷자락 같고
깃털 같고 봄날의 나뭇잎 같다
—문광훈

너 여기 있었구나, 호수여.
오늘 우연히 여기 오지 않았으면
내 인생의 지도에는
세상에서 가장 아름다운 호수 하나가
기록되지 못 했으리라.
이 물 가에 서서 생각하노니,
내 살아 있음이 참으로 다행스럽다.
봄햇살에 흔들리는 물 위에 쓴다.
인생은 아름다운 것.
그 짧은 문장 위로 내려앉는
사월의 바람과 햇빛이 있다.
한 남자가 고요한 입술로
순간은 영원보다 길다고 말할 때,
영원이 순간의 품에 안기는 걸 본다.

안겨서 순간의 젖을 빨며
행복하게 연명하고 있는 것을 본다.

연닢의 여자

내가 네 잎이 되기로 했어.
금호연지 천천히 돌면서 여자가 말했다.
가시투성이의 한 생이
제 몸 찢고 솟구쳐 오를 줄 뻔히 알면서,
저 가시투성이의 몸이
못물 아래 깊이 웅크리고 있다가
자욱이 솟구쳐 막무가내
제 어미의 몸 꿰뚫고야 마는
가시연꽃을 보면서,
나는 물 위에 뜬 연닢의 여자를 본다.
생의 한 順命을 흐느끼면서,
한없이 긴 묵상에 잠긴
푸른 애인이 내 머리 위에 떠 있다.

시월을 보내며

시월의 마지막 날이 특히 마음에 새겨진다.
풍요와 조락의 경계이기 때문인가.
오늘 안계, 안사, 풍천, 풍산 거쳐 안동에 갔다.
오후에는 그 길 되짚어 단밀로 돌아왔다.
가을의 바다였고 붉은 물결이었다.
내 인생을 가을볕 아래 드러내면,
저 하늘, 저 산, 저 들, 저 물,
저 바람 앞에 선 가을처럼 붉고 환하겠는가.

바다를 읽다

화진해수욕장에서 바다를 바라본다.
입술이 퍼렇게 언 겨울 바다다.
꽤 거친 파도가 주춤주춤 다가와서는
흰 비단 펼쳤다 거두어간다.
밀려오는 물결에 숨 들이쉬고,
쓸려가는 파도에 숨 내쉬면서,
푸른 바다와 함께 숨쉬는 것이다.
내가 언젠가, 어디선가, 누군가에게
겨울바다였던 적이 있었던가.
그의 가슴 푸른 물결로 드나들면서,
사랑한다고 말해 준 적이 있었던가.
한때 나의 해안이었던 사람이 왜 없었겠는가.
한때 나의 섬이었던 사람이 왜 없었겠는가.
겨울바닷가를 거닐면서,
살아온 날들과 살아갈 날들을 헤아리는데,
파도는 밀려와 발목을 적시고,
파도는 또 밀려와 어지러운 생각을 지운다.

바다강

바닷물 속을 흐르는 물길이 있다.
바다 속에서 이리저리 길을 내며 흐른다.
거대한 바닷물 속을 흐르는 강이다.
그 흐름이 느리면서 세차다고 한다.
때로는 부드럽게, 때로는 거칠게
해안 때리는 파도를 보면서,
그걸 바다의 호흡이라고 생각한 적이 있다.
아직 한 번도 그 기슭에 서보지 않은
바다 속에는 낯선 물의 길이 있다.
그런 물길이 있다는 상상만으로도
바다의 표정을 새롭게 살핀다.
세상에 바닷물 속을 흐르는 물길이 있다니.
그 물길에 바다강이라는 이름을 준다.
그 후로 바다를 향해 가슴을 열면,
바다강의 물길이 내 몸 속으로 흘러 들어온다.

파도

파도는 자꾸만 내 몸을 지긋이 밀어붙인다.
밀어붙이고 또 밀어붙인다.
바다는 굵은 붓을 들어
멀리 수평선 부근에
一字 한 획 길게 그어 두고,
그 붓의 힘으로 주춤주춤 밀려와서는
길게 누운 해안선을 흔들고 있다.
내가 당신을 사랑하면 되겠는지,
거친 호흡으로 거듭 묻고 있는 것이다.
짐짓 치마끈 여미면서 몸을 여는 해안선.
길게 이어지는 사랑이 있다.
바다는 지금 어린 달 하나를 낳아서
제 몸 위에 띄우고 기르고 있다.

여남포구에서

바다는 뭍 깊숙이 파고 들고 있었다.
파고 들어야겠다고 생각하면,
아무리 파고 들기 어려워도 파고 들었으며,
그냥 두어야겠다고 생각하면,
쉽게 파고 들 수 있어도 그냥 두었다.
바다는 손 내밀어 모래알을 만지고 갔다.
바다는 손 내밀어 조약돌을 만지고 갔다.
바다는 손 내밀어 갯메꽃을 만지고 갔다.
바다는 손 내밀어 발을 만지고 갔다.
바다는 손 내밀어 손을 만지고 갔다.
내 손을 가져가지는 않고
그냥 만지고만 갔다.

한 잔 받으시지요

만경산 계곡 그득히 발효되고 있는 가을. 자, 한 잔 받으시지요. 술기운으로 만경산도 불콰한 얼굴입니다. 이곳이 단밀 땅이니 丹密酒라 하겠습니다. 그냥 푹 떠서 차갑게 드셔도 좋고, 이글거리는 저 단풍 숯불에 얹어서 따끈하게 데워서 드셔도 좋습니다. 까짓거, 한 잔 더, 두 잔 더 쭈욱 드시고, 낙동강 건너 옥산 능선에 걸린 노을처럼 이 가을 붉게 저물어 보시는 게 어떻겠습니까.

3

어린 해태에게 젖을 물리다

어린 해태를 안고 젖을 물리네.
오른쪽을 먼저, 그 다음은 왼쪽이었네.
몸이 빨려들어가는 것처럼
세차게 빨았네.
해태에게 젖을 먹이는 것 좋아서
몸 여위는 것 생각하지 않았네.
저 녀석 크는 것만 생각했네.
그러나 크지 않는 돌해태.
내 몸 다 빨아들여 마음이 크는 걸까.
가슴이 넓어진다는 것일까.
생각이 깊어진다는 것일까.
어린 해태를 안고 젖을 먹이네.

가시연꽃 한 송이

가시연꽃 한 송이 가슴을 뚫고 얼굴을 내민다.
가시연꽃 한 송이 옆구리를 뚫고 얼굴을 내민다.
가시연꽃 한 송이 팔을 뚫고 얼굴을 내민다.
가시연꽃 한 송이 허벅지를 뚫고 얼굴을 내민다.
가시연꽃 한 송이 이마를 뚫고 얼굴을 내민다.
가시연꽃 한 송이 손바닥을 뚫고 얼굴을 내민다.
가시연꽃 자욱이 핀 몸을 일으켜 연못을 떠난다.
가시연꽃 물 밖으로 나와 세상 속으로 걸어간다.
나는 수천 송이의 가시연등을 켜든 천수의 관음.
우선 내 몸의 무명부터 밝히고 싶었던 것이다.
우선 내 마음의 무명부터 밝히고 싶었던 것이다.
아직 너무 어두운 내 몸을 위하여
가시연꽃 한 송이 눈을 뚫고 솟아오르고 있다.

자귀나무

울릉서초등학교 교정에 선 자귀나무 한 그루. 나는 주저없이 나무를 끌어안았다. 한 아름 반이 넘는 우람한 밑둥을 끌어안고, 정확히 하늘의 높이를 재면서 하늘에 가 닿은 우듬지를 쳐다보며, 잠시 우아함의 극치에 대해서 생각했다. 자귀나무가 이렇게 클 수 있다는 것. 상상력을 뛰어넘는 나무의 표정을 보며, 혼인색으로 흔들리는 꽃술의 가장 깊고 은근한 유혹을 받아들인다. 한 큰 사랑이 세상에 알려지지 않은 채, 심해선을 흔드는 해풍에 몸을 맡기고 울릉도 바닷가에서 몸집을 불리고 있다.

여뀌꽃

어릴 적 여뀌의 줄기와 잎을 한 아름 갈아서
푸른 즙 웅덩이에 풀어넣으면,
이게 물고기에게는 사약이어서,
송사리, 퉁가리, 피라미, 꺽지며 메기까지
허옇게 배 뒤집고 비실거렸다.
그러나 이 독이 치명적이지는 않아서,
한참 지나면 이놈들이 정신을 차리고
잽싸게 깊은 곳으로 내빼기 때문에,
얼른 건져서 버들가지에 꿰었다.
오늘 만경산 기슭에서 예쁜 여뀌꽃
한 아름 모셔와서 큰 분에 심었다.
아, 여뀌꽃, 어여쁜 여뀌꽃을 캐면서
나는 아득한 어린 시절로 돌아갔다.
신기하게도 금방 돌아갈 수 있었다.
여뀌꽃 봉오리에서 번져나오는
붉은 빛과 싸아한 향기가 내 몸에 퍼져
나는 배를 뒤집고 잠시 비실비실했다.
나른한 몸의 정수리와 발바닥으로

수십 년 쌓인 독이 흘러나가고 있었다.
이때 누가 나를 얼른 낚아채어서
제 버들가지에 꿰면 될 터인데,
아무도 그렇게 하지 않았다.
혼자서 이렇게 늙어가고 있는 것이다.

산당화

유월 하늘 아래 흰색과 분홍색 꽃을
가득 피워 올리는 산당화를 보면
이것저것 생각이 많아진다.
흰색에서 분홍으로 나아가면서,
분홍에서 흰색으로 나아가면서,
수줍은 듯 가만히 꽃잎 내미는 것이
오래 정성 들인 흔적이 역력하다.
흰색을 건너 분홍에 이르기까지,
분홍을 건너 흰색에 이르기까지,
저리 고운 표정 살려내기 위하여
그 뿌리며 줄기며 가지들이
저마다 얼마나 애를 썼겠으며,
저마다 얼마나 잠을 설쳤겠는가.
푸른 잎사귀들 또한
어느 쪽으로 고개를 돌리고
어느 쪽으로 몸 눕히는 것이
푸른 오월의 하늘 아래
꽃의 한 시절을 위하는 길일는지

생각하고 또 생각하였을 것이 아니겠는가.
한 나무의 뜻이 이렇게 깊고
한 나무의 생각이 이렇게 갸륵한 것을
가만히 꽃가지를 당겨 헤아려 보는 것이다.

백당나무 열매는 안이 환해요

분홍빛 볼이 너무 고와서
네 이름이 뭐냐고 물었더니,
백당나무 열매라 합니다.
진주알 소복이 모아 놓은듯,
수줍은듯 수줍은듯
볼을 감추는 척하면서,
제 몸 가장 깊은 속까지
짐짓 다 보여주네요.
볼을 따라 저녁노을이
잘 스며들도록
은근히 고개 돌리면,
노을 또한 할 수 없이
백당나무 열매가 여는 길을 따라
천천히 걸어 들어갑니다.
그 깊은 속으로 스며드는,
스며들어서는 오래 머무는 노을.
백당나무 열매는 안이 환해요.
그 안에서 번져나오는
분홍빛 뺨이 너무 고와요.

겨울 수목원

잎을 버리고 선 나무들의 여윈 종아리 사이로 수목원이 넓게 펼쳐져 있다. 겨울이 아니면 볼 수 없는 탁 트인 시야다. 저마다 겨울을 건너고 있는 나무들의 수척한 표정이 맑고 깨끗하다. 큰 나무 곁에 어린 나무. 어린 나무 곁에 큰 나무. 누가 누구를 돌보거나 의지하지 않고, 저마다 홀로 깊은 묵상에 잠겨 있다. 아직 나무에 매달린 채 여위어 가고 있는 팥배나무의 붉은 열매 몇 개가 겨울을 지키는 수목원의 눈동자 같다. 내 안에는 어떤 열매가 익어가고 있는가. 열매를 맺은 적이 있으며, 향기롭게 익어간 적이 있었던가. 텅 빈 벤치에 앉아 나에게 문자를 보낸다. 지금은 겨울이라고. 그대 마음의 수목원에는 무슨 나무가 겨울을 견디고 있는지 묻는다.

분별

갈대와 억새 분별하지 못 하던 시절 지나,
구절초와 쑥뿌쟁이 분별하지 못 하던 시절 지나,
나 한참 걸어와 이 강둑을 걷는다.
가을 속으로 길게 뻗은 길을 걸으며,
나 이제 고마리꽃 보고 고마리꽃을 알고,
며느리밑씻개 보고 며느리밑씻개를 알며,
물봉선 보고 물봉선을 안다.
남근처럼 솟구친 수크령을 안다.
노을과 함께 저물며 낙동강 긴 제방길 걷는다.
쇠기러기며 물오리들 물 가 모래톱에 앉아,
오늘은 어디서 잘까, 의논하는 사이,
노을은 강물에 담구었던 제 옷자락 건져 간다.
아, 분별의 덧없음이여.
내 분별 없었던 시절 강둑을 걸은 적 있으며,
내 몸이 길이며 물인 채로 저들과 섞였으나,
오늘 저들과 섞이지 못 한 채,
다만 홀로 걷는 적막한 강둑길이여.

모과를 위한 서정시

아주 오래 전에 이런 제목으로 시를 쓴 적이 있다.
그 시는 첫시집에 실렸는데,
오랜 세월 건너 모과가 또 내게로 왔다.
낙엽 한 장 남지 않은 빈 가지 여기저기에
노란 등불 환하게 내걸었는데,
그 빛으로 가을이 어떻게 가고 있는지,
겨울이 어떻게 오고 있는지 읽으라 한다.
그 음성이 또한 밝고 향기롭다.
저 모과 전구알은 얼마나 신비로운지,
얼어붙은 마음 훈훈히 녹인다.
온도계로는 잴 수 없는 따스함으로
마법처럼 몸의 안을 녹이는 것이다.
그 따스함은 몸 밖으로 번지기도 하는데,
그 중에 하나는 가슴으로 들어와서,
늑골 부근에 매달려 흔들거리며,
내 마음 환하게 비추어 주고 있다.

달은 물을 좋아한다

달은 물을 좋아한다.
물을 보면 서슴없이 몸 던진다.
끝내 던지고야 만다.
거세게 몰아치는 물결을 향해
막무가내 몸을 던진다.
몸을 던져 부서지고야 만다.
부서지면서 격렬히 뒤엉킨다.
月印千江
月印萬波
산산이 부서졌다가 다시
중심을 향해 둥글게 모인다.
이제 보니 내 가슴은
달이 와서 잠긴 깊이만큼
깊고 아득한 물이다.
달이 내 몸을 돈다.
내 마음의 해변을 비추며,
돌아다니기도 하고,
나를 이끌어 내가 모르는
심연 들여다보게 한다.

언덕

팔현마을 긴 둑길 걸으며 금호강을 내려다본다.
장마비 갠 뒤 강은 초록의 머리카락 휘날리며,
제 품으로 뛰어든 물벌레며 물고기며 물새들
보듬어 안고 유유히 흘러가고 있다.
누가 초록의 이스트를 내 가슴에 뿌렸던가.
여기저기 짙푸르게 부풀어오른 갯버들처럼,
내 가슴 속에서 부풀어 오르는 것 있다.
이 언덕 또한 땅의 설레는 부분이 부풀어 오른 것.
어찌 함부로 디딜 수 있겠는가.
천천이 옮기는 발걸음 바람이 더 가볍게 한다.
뜨거운 여름날 하오 그 언덕의 한 때를 보내며,
나는 몇 컷의 풍경을 끊어 가슴 속 깊이 넣는다.

4

하늘 아래

하늘 아래 한 채의 산이 있다.
산 아래 한 채의 절이 있다.
절 안에 한 채의 적멸보궁이 있다.
적멸보궁 안에 한 채의 적멸이 있다.
적멸 안에 마음의 통로가 있다.
환하게 하늘로 이어지기도 하고,
환하게 순간에 가닿기도 하면서,
적멸을 드나드는 마음이 있다.

눈썹담

낮으면 무르팍,
높아야 허리에 채 못 미치는,
유정한 문맥 아래
무심히 그어놓은 밑줄 같은 담.
담은 안을 막는 게 아니라
밖을 더 넓게 여는 거라며,
아무런 무게 없이
마음의 눈 위에 쓰윽 그어진
눈썹담의 비밀을 아시는가.
눈썹달이 아니라 눈썹담.
풍경이 쉽게 타넘어 오고,
마음이 쉽게 타넘어 가는,
풍경과 마음이 그 위에서
마구 뒤엉켜 어루만지는
어린 눈썹담을
그대 아시겠는가.

손

내 손은 좀 예민한 온도계.
네 마음의 체온을 잰다.
네 말의 체온을 잰다.
네 숨결의 체온을 잰다.
네 맥박의 체온을 잰다.
바람이 네 몸을 지나갈 때,
온도계의 붉은 기둥은
바람의 방향으로 휜다.
휘면서 네 뒤를 따른다.
꺾이면서 네 뒤를 따른다.
내 손은 그대의 것.
온도계는 그대의 것.
붉은 수은주는 그대의 것.
나는 나를 그대에게 드린다.

벌

오늘 나를 가르친 건 벌이다.
매화보다 먼저 꽃을 피우는 나무가 있다는 걸,
그게 회양목이라는 걸 알려준 것이다.
이웃 민가에서 치는 벌들이 왜 학교로 날아와
회양목 우듬지에 내려앉아
한 나절 잉잉거리는지 몰랐는데,
거기 봄을 여는 첫꽃이 피어 있었던 것이다.
벌이 아니었으면 또 모르고 지나쳤을
회양목 쬐그만 꽃을 보며,
나는 새삼 백과사전을 뒤적였다.
아직 허리를 넘는 회양목을 본 적이 없는데,
7미터까지 자라는 교목이라니 놀랍다.
어린 시절 그 나무를 산에서 캐서
학교에 옮겨 심은 적 있다.
벌이 오늘 나를 어린 시절로 데리고 갔고,
한 번도 가보지 않은 용주사 뜰에
禪師처럼 고요히 늙어가고 있는
회양목 한 분이 있음을 알게 되었다.

목련

며칠째 출근하자마자 목련카페로 갔다.
무수한 꽃송이 예비하고 있는 세 그루 목련.
그 중에 어떤 녀석이 맨 먼저 입술을 내밀 것인가.
그 첫꽃 보고 싶은 것이다.
목련이 백합조갯살 같은 꽃잎 내밀 때,
나는 꼭 그만큼 붉은 입술 내밀 것이다.
천지간에 봄이 오고 있음을,
축제의 흰 나팔소리 듣고 싶은 것이다.

내 것이 아닌 것들을 위하여

봄 햇살 받으며 고요히 흘러가는 강물을 본다.
여태 저 강물 내 것이어서 어여쁘다 했는데,
오늘 저 강물이 내 것이 아님을 깨닫는다.
저 물이 거느린 것들 가운데 단 하나도,
저 물 휩싸안고 흐르는 시간 중 단 한 순간도,
내 것이 아니어서 더 어여쁘고 귀했던 것이다.
봄 강물 한 줄기가 내 가슴으로 흘러들면서 말한다.
네 몸의 어느 한 부위도 네 것인 것 없으며,
네 호흡의 어느 한 숨결도 네 것인 것 없으며,
네 것이 아니어서 낱낱이 꽃피는 것이었으며,
네 것이 아니어서 꽃잎 지는 것이었으며,
그래서 피는 것 지는 것 다 어여쁜 것이었으며,
호흡과 호흡 사이로 출렁출렁 흐르는 것이라며,
내 몸을 한 바퀴 돌아 어디론가 흘러가고 있다.

사랑하지 않고는 견딜 수 없네

가을을 가장 가을답게 하는 것은 늦가을 여윈 갈대라네. 턱 밑까지 갈퀴를 세우고 바람에 흔들리는 마른 갈대. 갈색 머리카락 헝크러진 채 깊은 사색에 잠기네. 바람이 와서 밀면 그 힘만큼 밀릴 뿐 뒤돌아보지 않네. 내가 다가가서 인기척을 내도 표정에 변화가 없네. 발목에 낫을 들이대도 벨 테면 베라며 태연하네. 나는 고뇌에 찬 표정으로 흔들리는 갈대들을 사랑하네. 다만 저들로 인하여 가을이 가을답게 깊어가고 있으니, 위천 강둑의 저 수척한 갈대들 사랑하지 않을 수 없네.

나의 사랑은 이렇다

내가 물이 되어 스미고 싶은,
몸 속에 고여 찰랑이고 싶은,
세상에 그런 사람이 있어서,
나는 그리로 흘러갈 것이고,
그의 몸 속을 돌 것이고,
때로는 몸 밖으로 솟아올라,
가볍게 가볍게 높이 떠돌며,
세상을 한 바퀴 돌다가,
세상을 두 바퀴 돌다가,
혹은 세 바퀴 돌다가,
이윽고 물이 되어 스미고 싶은
바로 그 사람을 찾아내어,
다시 물이 되어
그의 몸 속으로 들어가서,
고요히 찰랑거리거나
괜히 흘러가거나 하다가,
이 밖에 무슨 일이 또 있겠는가.
무슨 일이 더 소중하겠는가.

설령 다른 길이 있어도,
이 길이면 됐다, 하면서,
그의 몸이 되기도 하다가.

위천에서

늦은 가을 위천 물 가에 갔네.
강물에 손 담그었네.
물이 내 손을 만져주었네.
나도 물의 몸 만져주었네.
물이 내 손을 만지며,
따뜻한 손을 가졌군, 했네.
물의 손은 차가운데,
마음을 어루만지면 뜨거워진다네.
물의 손 끌어당겨
가슴 속으로 넣어보니,
이런, 정말로 마음이 뜨거워지네.
그 신비를 위천에서 보았네.
저기 오리들이 찬 물 위에 떠서
오래 견디는 까닭.
저들은 물을 가슴 속으로 끌어들여
마음을 만지게 한다네.

강물의 포로가 되다

그 겨울 강 가에서는
마음대로 되는 게 별로 없었네.
강이 서라 하면 서야 했고,
강이 가라 하면 가야 했네.
한없이 자신을 낮추어
내 몸 끌어들이는 겨울 강물이었네.
경북 칠곡군 기산면 노석마을 앞
낙동강 긴 둑에서 서다 가다 하며,
겨울 오전의 한 때를 강물에 내주었네.
마른 갈대숲 너머
겨울 햇살에 반짝이는 어여쁜 윤슬을
바람이 지나가면서 더욱 빛나게 했네.
가장자리 여기저기 언 얼음 위로
오리떼 오종종 모여
생의 한 때를 보내고 있었네.

너의 이름

저건 들국화
저건 물봉선화
저건 오이풀.
저건 여뀌.
저건 마타리.
저건 구절초.
저건 억새.
저건 미국쑥뿌쟁이
저건 갈대.
저건 수크령.
저건 고마리.
저건 며느리밑씻개.
저건 산국.
저건 물봉선.
저건 쑥뿌쟁이.
저건 엉겅퀴.
엉겅퀴 홀씨
훅, 불면,

가을 하늘 아래
아이의 영혼처럼
맑게 흩어지는
엉겅퀴 홀씨.
그런데 그 곁에
한 비탈을 자욱이 덮은
너는 누구니.
멀쑥한 키에
구절초 눈망울만한 꽃을
한정 없이 매달고
바람에 사운대는
빗자루국화.
그런데 이름이 그게 뭐니.
내가 네 이름을
새로 붙여주마.
네 이름은 구름꽃.
눈물을 머금은
너는 구름꽃.

그 눈물로
가을의 하늘을
저리 곱고 푸르게
쓸고 있는 거니.

5

뼈피리

죽은 연인의 뼈에 구멍을 뚫어 만든 케나, 사내는 지긋이 눈을 내리감고 불고 있다. 몇 덩이의 구름이 떠와서는 기우뚱 귀 기울인다. 푸슬푸슬 여우비 내려 사내의 어깨를 적시는 것이 아무래도 지상에 남은 자의 슬픔을 달래는 것 같다. 소리는 구릉을 타고 아래로 아래로 내려가거나 바람의 길을 따라 위로 위로 올라가거나 한다. 뼈피리는 사무치는 입술이 아니면 울리지 않는다. 인생이 이럴 수 있을까. 한 가닥 피리 소리로 연소되는 세월을 보며, 굵은 주름 속으로 말 못 할 그리움을 밀어넣는다.

길고 따뜻한 팔

대구에서 단밀까지 이백 리 차를 모는 초겨울 출근길. 해평 들판 위로 자욱이 떠오른 쇠기러기떼를 보고, 기러기떼 기럭기럭, 하면서 동요를 부르다가, 그 노래가 어쩌다 어머님 은혜로 이어졌는데, 아무 생각 없이 그 노래를 부르다가 눈물을 흘렸다. 쉰여섯 어른이, 그것도 한 학교의 교장이 동요를 부르다가 운다는 것이 같잖아서 참으려 했는데, 마구 솟구치는 울음이어서, 노래도 안 되고 운전도 흔들려서 갓길에 차를 세우고 한참을 울었다. 아, 어머니. 높고 높은 하늘이라 말들 하지만, 나는 나는 높은 게 또 하나 있지. 낳으시고 기르시는 어머님 은혜. 푸른 하늘 그보다도 높은 것 같애. 넓고 넓은 바다라고 말들 하지만, 나는 나는 넓은 게 또 하나 있지. 안아 주고 업어 주신 어머님 은혜. 푸른 바다 그보다도 넓은 것 같애. 이제 얼음이 얼고 오리 날아드는 겨울인데, 무덤 속에서 얼마나 추우실까. 살아계실 때 내 최고의 벼슬이 도교육청 장학사였는데, 나는 그때도 여든이 넘은 어머니의 젖을 만지곤 했었는데, 야가 왜 이래노, 손사래를 치시면서도 싫지 않은 표정이었는데, 한정도 없이 보고 싶어서 한 번 더 울고, 대강 수습하여 다시 차를 몰았다. 어머니 가신 지 십 년. 그 후 십 년 동안 어깨가 그리 시리지 않는 것이, 이제 보니 어머니의 길고 따뜻한 팔이 늘 내 어깨를 감싸고 있어서였다. 오른손을 들어 왼쪽 어깨에 얹힌 어머니의 손을 만지며 한 번 더 울었다.

사진

얼마나 여러 번 몰아친 비바람이었느냐며,
사진은 깊은 주름을 보여주고 있다.
얼마나 여러 번 몰아친 눈보라였느냐며,
사진은 흰 머리카락을 보여주고 있다.
얼마나 여러 번 울린 우레였으며,
얼마나 여러 번 내리친 번개였느냐며,
사진은 금이 간 살갗을 보여주고 있다.
비바람이 지나가면서 파놓은 강변이라며,
몸 속 가득한 눈보라가 흩날리는 거라며,
우레와 번개가 터져나오는 거라며,
깊은 주름과 흰 머리카락을 들이대면서,
갈라진 살갗과 마른 음성을 들이대면서,
내 청춘을 여지없이 기소하고 있다.

사랑에 대하여

단 한 사람을 위하여 그 사람의 배경이 되고 싶을 때, 그 사람의 모습과 표정과 눈빛을 가장 눈부시게 하는 풍경이 되어 그 사람 뒤에 서고 싶을 때, 그 사람이 내 생의 배경이 되면 좋겠다는 생각이 들 때, 그 사람만이 나를 위한 가장 완벽한 풍경이라는 생각이 들 때, 두 사람의 생각이 겹쳐질 때, 겹쳐져서 더 깊고 그윽한 풍경이 될 때, 그 풍경 위로 사계가 지나가듯이 생의 표정이 변해 갈 때, 그렇게 봄을 맞이하고 여름을 건너 가을을 거쳐 겨울 골짜기로 함께 걸어들어갈 때, 그 뒷모습이 맑고 향기로울 때, 향기조차 남기지 않고 흔적이 없을 때, 그런 사랑에 대하여 마음이 움직여 갈 때,

나는 그때 속으로 울었다

살다 보면 별일이 다 생긴다. 지난 1월 중순 어느 날이었던가. 신년 술을 한 잔하는 자리에서 선생님, 너무 늙으셨어요, 하면서 운 놈이 있었다. 나는 짐짓 웃었지만, 이보다 눈물겨운 일이 또 어디 있겠는가. 시골 중학교에서 수학을 가르치는 편동석 선생은 쉰다섯에 접어드는 나를 두고 울었다. 오십이 넘은 남자가 오십을 조금 더 넘긴 남자를 위해 운다는 것. 울 수 있다는 것. 나는 생각한다. 어쩌면 이것은 이 땅에서 백년 만에 일어난 일일 수도 있다. 나는 또 생각한다. 언젠가는 내가 그를 위해 울게 될 날이 있을 것 같은데, 나는 그의 무엇을 위해 울 것인가. 사실 나는 그때 속으로 울었다. 十八놈, 지도 늙어가면서 씰 데 없이 우는군. 그의 눈물이 내 한 해를 연 셈이다. 이제 또 한 해가 새롭게 다가오는데, 참 아름답게 살지 않을 수 없다는 생각을 한다.

문인수 연구

저녁 어스름에 닭 우는 소리를 들었다.
희부윰한 낮달을 향해
길게 목청 뽑아올린 것인데,
그 소리가 흡사 새벽닭 울음 같았다.
그 울음이 달에 닿아 둥, 두둥
두두둥, 두웅둥, 하고 울렸다.
그 소리가 달무리로 멀리 번져갔으며,
소리를 타고 흐르던 달빛이
그의 어두운 몸 속으로 흘러들어갔다.
달빛이 낸 길을 따라
달이 그의 몸 속으로 들어갔는데,
그 달이 그의 몸 속에서 어떻게 이울고 차며,
그의 몸 어느 구석을
유정하게 비추는지는 알 길이 없다.

그의 몸이 빛에 닿아 있다
—남춘모에게

그의 몸이 뜨거운 여름을 지나갈 때
그의 몸은 여름의 빛깔로 물든다.
그의 몸이 붉은 가을을 지나갈 때
그의 몸은 가을의 빛깔로 물들 것이다.
어떤 한 시절이 다가와서
그의 몸에 제 체온과 숨결을 얹으면,
그의 몸은 그것을 참 잘 받아들인다.
그의 몸이 여름 속으로 들어가기 전,
그의 몸이 가을 속으로 들어가기 전,
세상은 무엇이란 말인가.
제 몸 잘게 쪼개어 시절에 바칠 때,
세상이 이렇게 붉고 푸르며,
뜨겁고 서늘하다는 걸 느낄 때,
그의 몸은 빛이 드나드는 통로가 된다.
가만히 보라.
그렇지 않다면 왜 저리 붉은 청도의 노을이
그의 거처만 기웃거리겠는가.

박진형 연구

퍼포먼스 무대를 백 개 넘게 보고서야
그는 무대를 찾아 헤매는 저의 몸놀림이
낱낱이 기막힌 퍼포먼스임을 알아챘다.
글썽이는 마음없이 어찌 시를 쓰겠는가.
박진형은 그게 퍼포먼슨 줄도 모르고,
어느 날 적천사 은행나무 속으로 들어가서,
그 나무 꼭대기로 기어올라가서,
어머니의 젖을 만지듯 하늘 만지거나,
나무 밑둥으로 내려와서
태아처럼 웅크려 잠이 들기도 했다.
이따금 그 나무가 대구향교 앞을
어슬렁, 헤매는 걸 보기도 하는데,
그 나무 속을 들여다 보면 박진형이 있다.
이 어리한 사내가 나무에서 나오지 않고,
나무를 떠맨 채 그대로 걸어온 탓이다.
향교 부근에서 진형아, 하고 부르면,
늙은 은행나무가 뒤를 돌아보는 때가 있다.

시인

시인은 언제든지 물 곁으로 떠날 준비가 되어 있는 사람이다. 물 곁으로 가서 가만히 손을 넣어 물의 체온을 재는 사람이다. 시인은 언제든지 나무 곁으로 다가설 준비가 되어 있는 사람이다. 가령 들메나무 곁으로 가서, 들메야, 하면서 가장 깊이 끌어안을 줄 아는 사람이다. 물의 속살을 만지면서, 나무의 말에 귀를 기울이며, 신열이 높은지 낮은지 재고, 그 말을 알아듣는 사람이다. 물이 가만히 밀려올 때, 가슴을 열어 물을 맞이하는 사람이다. 나무가 몸을 기울여 올 때, 가령 들메나무가 제 몸을 기대올 때, 그 몸을 하나도 안 무겁게 척, 받아서 오래 서 있는 사람이다. 시인은 길을 걸으며, 달의 이마를 짚고, 길의 맥박을 재는 사람이다. 달이 하늘에서 아래를 보며, 저기 달 한 덩이 떠간다고, 말할 수 있게 하는 사람이다. 달이, 어, 저기 달 하나 길 위에 떠간다고, 손가락을 가리키게 하는 사람이다. 별이 하늘에서 내려다보며, 참 많은 생각이 별처럼 돋아나는 그런 사람이 저기 있다고 수근대게 하는 사람이다. 시인은 나이가 들면, 서리를 모아 턱 밑에

붙이고, 눈을 모아 머리에 얹는 사람이다. 누가 저더러 시인이라고 하면, 시인은 무슨 얼어죽을, 하며, 꾸부정하게 엎드려 시를 쓰는 사람이다. 몸이 붓이 되어 먼 길 걸어가는 사람이다.

전화

교장 선생님, 저 칠곡고의 김부현입니다.
작년에 심은 매화가 말입니다.
만발했습니다.
벌이 날아들고 난립니다.
김부현은 칠곡고등학교의 외근 기능직 주사.
지난해 봄 함께 고생하며
교정 여기저기 매화를 심었는데,
꽃이 피니 내 생각이 났던 모양이다.
매화가 다 진 지금까지
그 동안 주고받은 수많은 통화 가운데서
그의 목소리만은 생생히 살아 있다.
이런저런 얘기 좀더 나누다
아쉽게 전화를 끊었다.
핸드폰은 편리한 것인 줄만 알았는데,
그 통화는 처음으로 내게
핸드폰이 아름다운 것임을 일깨워주었다.
목소리의 여운이 사라지기 전에
나는 그에게 전화를 걸었다.

어이, 봉화 촌놈, 김주사,
꽃이 어디 교정에만 만발했겠는가.
그대 몸 여기저기에 말일세,
매화보다 더 어여쁘고,
향기로운 봄꽃들 여러 억만 송이
다투어 피어나고 있는 것 보인다네.
내가 마음으로 보낸 그 전화를
김부현이 제대로 받았는지는 알 수 없다.

김후성 연구

자정 무렵 핸드폰이 울렸다.
포항에 사는 김후성이었다.
바닷가를 달리고 있었으리라.
파도가 밀려 왔을 것이고,
도수 높은 소주가
그의 몸을 적셨으리라.
술에 젖은 음성이었다.
그는 말했고 나는 들었다.
중간중간 더듬거리는 것도
평소의 그와는 달랐다.
하염 없이 듣고 있다가,
아무래도 울고 말겠구나, 했는데,
잠시 후, 우는 것이었다.
툭, 툭, 부러지는 이야기를
잘 이어서 듣고 있었다.
왜 우는지 알았다.
후성아, 알았으니, 이제,
그런데, 너 지금 차를 모니?
아, 아닙니다. 택십니다.

얼른 들어가거라.
사나 자슥이 울고 그러노.
내가 그를 울렸다.
그가 울먹이는 걸 보았던가.
셋째 아이를 없앴다며,
아내에게 미안하다며,
눈물을 훔치던 걸 보았다.
넷째를 없애본 나도 안다.
얼마나 아팠겠는가.
도교육청에서 함께 고생한 것
참 아프게 뒤돌아 보인다.
거기서 그래도 컸으리라, 했는데,
또 우는 것이었다.
그냥 울어버리면 될 터인데,
그래도 좀 배웠다고,
중견 공무원이라고,
괜히 이리저리 조절해가면서
어설프게 울고 있었다.

고광환 연구

우리 학교 행정실 고광환 주사는 의성 단밀 위중마을에서 태어나 단 한 번도 마을을 떠나지 않고 세 아이를 키우고 있다. 내가 볼 때 그는 내가 지금껏 만난 사람 중에서 손가락으로 꼽을 만한 義人이다. 가정을 살피는 일도, 자녀를 키우는 일도, 일을 대하는 자세도 나보다 한 수 위다. 11월 하순 어느 날 찬바람이 몰아치는데, 아침 일찍부터 사다리를 걸치고 모과를 따고 있었다. 그 모습이 대단히 아름다웠으나, 모과를 따는 일은 나와 같이 근무를 시작한 칠월부터 지난 다섯달 동안 그가 한 일 중에서 가장 어리석은 일이었다. 고주사님, 그거, 따지 마세요. 빈 가지에 환하게 내건 등불을 왜 끄십니까. 그거 다 따면 학교가 어두워집니다. 게면쩍게 웃으며, 아, 교장 선생님, 이 등불 때문에 너무 밝아서요, 이제 그만 따도 되겠습니다, 하면서 사다리에서 내려왔다. 말하자면 이 사나이는 농부이자 공무원인데, 포도철이 되면 포도를, 사과철이 되면 사과를 학교에 가져와서 냉장고를 채우는 것이다. 빈 박스에 지금껏 딴 모과를 잔뜩 담아 들고 내 곁으로 오는데, 그 등불들이 하나도 빛을 잃지 않고 이 사람의 얼굴을 환하게 비추는 것이었다. 참 아름답게 늙어가는 초로의 한 사내가 지금 내 곁에 있다.

이종문에게

반 고호가 그의 귀를 잘라낸다.
아픔보다 감당할 수 없었던 것은
볼을 타고 흘러내리는 피.
흰 붕대로 상처 동여매고·
통증이 가라앉기를 기다린다.
대상을 깊이 들여다볼 때
귓전에 와 닿는 소리를 어찌 할 수 없어서,
겨우 한다는 짓이
멀쩡한 귀를 잘라낸 것.
영 들을 수 없게 되었을 때
소리는 그에게 왔고,
그 소리를 화폭에 받아 적은 것이
풍경의 소용돌이며 아우성이다.
그러나 그대 이종문
무엇이 안 들린다고 귀를 자르거나
무엇이 안 보인다고 눈을 파내지는 말게.

김선굉 연구

아버지가 꾼 태몽이 뱀장어였다.
임진년 정월 영양 땅 반변천 상류 송영당에서,
아버지의 입 속으로 빨려들어간 뱀장어가
임진년 시월 초여드렛날 밤 왈칵 뛰쳐나와
푸른 물길을 유유히 헤엄쳐 갔다는 것이다.
말하자면 내 인생길은
뱀장어가 낸 길을 따라 간 것이다.
내 가슴 속에는 한 마리 뱀장어가 있다.
아버지, 환한 뱀장어 한 마리가
반백의 머리로 知命의 중간을 건너고 있는,
아버지보다 더 많이 나이를 먹은
늙은 뱀장어 한 마리가 어슬렁
느리게 반변천을 거슬러 오르고 있다.

김선굉

1952년 경북 영양 청기에서 남.
1982년 『심상』으로 등단.
시집 『장주네를 생각함』, 『아픈 섬을 거느리고』,
『밖을 내다보는 남자』, 『철학하는 엘리베이터』 등 출간.
대구시인협회상을 받음.

나는 오리 할아버지

초판 1쇄 펴낸 날 / 2009년 12월 26일
초판 3쇄 펴낸 날 / 2012년 3월 5일

지은이 / 김 선 굉
펴낸이 / 박 진 환

펴낸 곳 / 만인사
등록번호 / 1996년 4월 20일 제03-01-306호
주소 / (우)700-813 대구광역시 중구 대봉2동 743-7
전화 / (053)422-0550
팩스 / (053)426-9543
홈페이지 / www.maninsa.co.kr

ISBN 978-89-6349-009-0 03810

값 8,000원